APPEL

A LA

PUBLICITÉ EUROPÉENNE

CONTRE

LE JOURNALISME RUSSE,

AU SUJET

DES TENTATIVES FAITES A MOSCOU ET A SAINT-PÉTERSBOURG
POUR ENGAGER LE GOUVERNEMENT A RUSSIFIER
LES PROVINCES DE LA BALTIQUE.

PAR

UN ALLEMAND

QUI, ÉTANT NATIF DE LA LIVONIE, APPARTIENT POLITIQUEMENT A LA RUSSIE.

TRADUCTION
DE
EMILE JONVEAUX.

« Le plus grand tyran du monde, c'est l'erreur.
» Éclairons le monde. »
ANACHARSIS CLOOTZ.

PARIS

E. DENTU, LIBRAIRE-ÉDITEUR

PALAIS-ROYAL, 17 ET 19, GALERIE D'ORLÉANS

1867

APPEL

A LA

PUBLICITÉ EUROPÉENNE

CONTRE

LE JOURNALISME RUSSE

Paris.— Imprimerie de E. MARTINET, rue Mignon, 2.

APPEL

A LA

PUBLICITÉ EUROPÉENNE

CONTRE

LE JOURNALISME RUSSE

AU SUJET

DES TENTATIVES FAITES A MOSCOU ET A SAINT-PÉTERSBOURG
POUR ENGAGER LE GOUVERNEMENT A RUSSIFIER
LES PROVINCES DE LA BALTIQUE.

PAR

UN ALLEMAND

Qui, ÉTANT NATIF DE LA LIVONIE, APPARTIENT POLITIQUEMENT A LA RUSSIE.

TRADUCTION

DE

Emile JONVEAUX.

L'édition allemande parue à Leipzig a été épuisée pendant la durée de quatre mois.

PARIS

E. DENTU, LIBRAIRE-ÉDITEUR

PALAIS-ROYAL, 17 ET 19, GALERIE D'ORLÉANS

1867

AVANT-PROPOS

DE L'ÉDITION FRANÇAISE.

L'auteur appelle particulièrement l'attention du public sur les additions importantes dont s'est enrichie cette édition (pages 18, 19 et 20); les notes 3, 4, 6, 7, 9 lui paraissent aussi mériter un intérêt spécial. Il n'a d'ailleurs rien voulu changer au fond même de la brochure avant que ses adversaires aient répondu à ses réclamations; car ceux-ci se dispenseraient peut-être de le faire, n'ayant jusqu'aujourd'hui trouvé à l'appui de leurs arguments que des personnalités. Au lieu d'aborder les questions essentielles, l'*Invalide* s'est borné à nous railler agréablement, et il a paru trouver plaisante l'idée que l'accusé demande des preuves de l'inculpation frivole élevée contre lui. Les procédés antérieurs de la presse russe rendaient cette conduite fort probable. L'auteur tenait, pour la défense de ses concitoyens, à faire connaître la vérité tout entière, puisque les journaux de Moscou et de Saint-Pétersbourg continuent à répandre leurs calomnies contre les provinces de la Baltique, et à exciter contre elles la nation russe.

Octobre 1865.

AVANT-PROPOS

DE L'ÉDITION ALLEMANDE;

Le travail suivant n'ayant pu obtenir de publicité dans l'empire russe, nous nous adressons à l'Europe, et nous le faisons paraître dans une langue que tout homme instruit comprend depuis Okhotsk jusqu'à Madrid.

Cet *Appel*, écrit au commencement de janvier 1865 contre le terrorisme de la presse russe, devait être étouffé à Saint-Pétersbourg, et cela pour plusieurs raisons. Non-seulement les journaux y ferment leurs colonnes aux réclamations de leurs adversaires, mais encore la presse allemande en Russie ne peut pas dire la vérité ENTIÈRE; on comprend donc qu'*une discussion dans laquelle une des parties se permet tous les genres d'attaque tandis que l'autre est obligée de se borner à certaines armes, devient nécessairement inégale.*

L'Europe prendra, nous l'espérons, acte des procédés peu scrupuleux qu'emploie, pour arriver à son but. la presse de la grande nation d'Orient, tout en se couvrant du manteau de la liberté et du progrès.

J'attends, au tribunal de l'opinion publique, les adversaires qui m'ont forcé de recourir à cette résolution extrême, et je suis prêt à leur répondre, en face du monde civilisé qui nous écoute. Depuis que des journaux anglais et français se sont élevés contre l'oppression et l'avidité moscovites, certains organes de la presse russe font parade de leur bonne volonté à reproduire les réclamations qui s'élèvent en faveur des provinces de la Baltique; mais il a fallu pour cela que l'attention de l'Europe se fût dirigée sur ces débats. Nous avons pensé néanmoins qu'il valait mieux porter la discussion dans un pays où le journalisme moscovite ne sera pas juge de sa propre cause, et employer une autre langue que le russe qui, en dehors de l'Empire, n'est parlé ni compris par personne.

Je cite la presse russe devant la barre de l'Europe, je la somme de prouver ses accusations contre la Livonie, l'Esthonie et la Courlande; mais quand je présenterai la défense, je compte aussi que, devant cet auditoire, on ne *m'opposera pas d'entraves, soit à l'égard des personnes, soit à l'égard des choses elles-mêmes,* et qu'il me sera permis de dévoiler les intrigues secrètes, de publier les noms, d'imprimer les documents.

La Livonie n'a qu'un seul ennemi à craindre : les ténèbres et les menées souterraines, voilà ce qui fait sa perte.

Ce que nous demandons avant tout, c'est la lumière, c'est la vérité ; nous réclamons de conserver l'iniative pour réformer notre constitution et nos lois, de conserver une administration dirigée par des fonctionnaires de notre choix ; de conserver aussi les juges élus par le pays, l'emploi de la langue allemande dans les écoles et dans les tribunaux élevés, des droits exercés actuellement depuis plusieurs siècles ; nous demandons, enfin, la liberté de conscience.

Nous avons changé l'ordre que nous avions adopté d'abord pour publier cette étude dans les journaux de Saint-Pétersbourg ; d'une part, les attaques toujours plus vives et plus fréquentes de la presse russe, de l'autre, la nouvelle destination de ces pages, que nous adressons aujourd'hui à l'Europe, ont rendu nécessaires des développements qui n'appartiennent pas essentiellement au sujet.

Jegor von Sivers.

Raudenhof, près de Wolmar, en Livonie, le 9/21 juin 1865.

INTRODUCTION

Les moyens déloyaux employés par les feuilles de Moscou et de Saint-Pétersbourg dans leur lutte contre les publicistes dévoués à la cause de la Livonie, de l'Esthonie et de la Courlande, ont suggéré l'idée de recueillir, dans des brochures écrites en langues russe, allemande, anglaise et française, la polémique de la presse germano-russe, polémique qui a commencé en 1864 à l'occasion d'une attaque dirigée contre le discours prononcé à l'ouverture de la Diète livonienne, et qui depuis s'est étendue et envenimée au point que l'on a prêté aux provinces de la Baltique des pensées et des vœux de séparation, et que l'on y a joint d'autres accusations tout aussi peu fondées. Nos adversaires ont passé sous silence les réponses faites à ces insinuations malveillantes, afin de s'épargner la peine d'y répondre, ou bien quand ils croyaient pouvoir tirer parti contre nous d'une phrase tronquée, défigurée, ils la mettaient sous les yeux des lecteurs, nous privant ainsi du droit le plus sacré, celui de nous défendre devant le même juge près duquel nous avons été accusé. Mais si nos ennemis ferment l'oreille pour ne pas nous entendre, ils ne réussiront pas, malgré leur nombre et leurs clameurs, à étouffer la voix de la raison et de la justice. Le travail suivant est seulement le prélude des publications que nous ferons paraître pour notre défense, aussitôt que le moment sera venu.

APPEL

A LA

PUBLICITÉ EUROPÉENNE

CONTRE

LE JOURNALISME RUSSE

COMMENT SE SONT PRODUITES LES ATTAQUES RUSSES CONTRE LES PROVINCES DE LA BALTIQUE.

L'ignorance la plus complète et la plus ridicule de notre situation, s'étale chaque jour avec une imperturbable assurance dans les feuilles russes telles que le *Jour*, la *Gazette de Moscou*, la *Gazette de Saint-Pétersbourg*, l'*Invalide*, etc. On entasse calomnies sur calomnies (1), pour animer contre nous le public russe qui, n'ayant aucun moyen de connaître la vérité, accorde une foi aveugle à ces mensonges. Nous ne nous en étonnons pas : quel peuple, nouvellement entré dans la voie du progrès, ne se laisse pas volontairement louer aux dépens de ses voisins, et n'oublie facilement à qui il est redevable de sa propre éducation?

Les correspondants russes falsifient les nouvelles des provinces de la Baltique pour servir les menées des journaux de Moscou et de Saint-Pétersbourg ; ils voudraient,

maintenant que la Pologne est pacifiée, soulever la Livonie, afin d'attirer sur elle la répression et de la russifier
davantage. Il n'est pas un Livonien, un Esthonien ou un
Courlandais qui ne soit révolté des procédés qu'une partie
de la presse moscovite croit pouvoir se permettre contre
nous, uniquement parce que nous ne sommes pas d'origine russe, et parce que nous sommes fiers de notre
langue, noble idiome employé par le tiers du monde
civilisé !

Quelques milliers d'Esthoniens et de Lettons, entraînés
par des considérations toutes matérielles (2), s'étaient con-
vertis en 1845-46 à la foi grecque, mais ils s'en sont de
nouveau séparés par une résistance passive, et l'Église
russe ne pouvant même cacher sa défaite, malgré les
vastes ressources mises à sa disposition, a cessé de
s'étendre dans le pays, depuis que les causes immorales
qui facilitaient les conversions ont été supprimées. En
outre, pendant près de vingt ans, l'Église grecque n'a
rien fait en Livonie pour l'enseignement de la population étrangère au culte luthérien, et comme la fréquen-
tation des écoles protestantes est sévèrement défendue
aux chrétiens du rite grec, la plus grande partie d'entre
eux restent plongés dans une ignorance presque aussi profonde que celle des bêtes fauves, quand l'éducation paternelle ne peut suppléer à la négligence de l'administration.
Cet état de choses fait dire aux journaux russes que L'ÉGLISE
ORTHODOXE EST OPPRIMÉE EN LIVONIE par les Allemands; un
correspondant de la *Gazette de Moscou* a même eu, pour

irriter le peuple russe contre les provinces de la Baltique, la déloyauté d'écrire de Riga les paroles suivantes, au sujet du nouveau décret impérial relatif aux mariages mixtes : « Quand bien même l'administration serait trop faible pour » faire exécuter la loi, tout Russe doit regarder comme une » atteinte à l'honneur national, l'infraction des ordonnances » sanctionnées par le pouvoir souverain, et rendues obli- » gatoires dans toute l'étendue de l'empire, sans aucune » exception. N'est-ce pas un affront pour le pays de voir » l'abandon de l'orthodoxie, acte condamné par les lois » générales de l'empire, toléré dans les seules provinces » de la Baltique, au scandale des orthodoxes, au grand » péril de la foi ? *Car les dispositions qui obligent à élever* » *dans la religion grecque les enfants nés de mariages* » *mixtes sont considérées pour ainsi dire comme nulles* (3) » *dans l'Esthonie et dans la Livonie, et ce mépris, on le* » *comprend, porte atteinte au prestige de l'autorité.* » (Voy. la *Gazette de Riga*, n° 89.)

A ce grief vient encore s'en joindre un autre. Les ouvriers et les artisans russes n'ont pu, jusqu'à présent, soutenir la concurrence des Allemands, à Mitau, à Revel, à Riga. Même à Saint-Pétersbourg, les maisons allemandes entrent pour un cinquième dans le chiffre total du commerce d'importation et d'exportation. (*Doct' Amthor's Magazin für Kaufleute*, 1863, vol. VI, page 269). Un grand nombre de sociétés, particulièrement des compagnies d'assurances, sont créées à l'aide de capitaux et soutenues par des spéculateurs allemands et anglais (4). Les Russes établis dans les provinces de la Baltique n'ont pu

se soustraire à l'influence de la civilisation allemande, et un
savant russe distingué déclarait, il n'y a pas longtemps,
qu'en Livonie l'idiome russe était « une langue morte ».
Dès lors, les journaux font entendre dans tout l'empire ce
cri d'alarme : « LA LANGUE ET LA NATIONALITÉ RUSSES SONT
OPPRIMÉES DANS LES PROVINCES DE LA BALTIQUE ! »

Enfin l'administration de la justice n'est pas en butte à
de moins vives attaques. En voici la cause. Dans les provinces de la Baltique les tribunaux ne possèdent pas le
droit de juger en dernier ressort, même les causes peu
importantes ; la justice inférieure est confiée tout entière
à des magistrats livoniens ou esthoniens ; les cours plus
élevées ont des assesseurs qui appartiennent à la même
nationalité et sont élus comme les juges de paroisses par
les communes rurales lettones et esthoniennes. La langue
de la procédure est actuellement celle des parties. De plus,
c'est la diète de Livonie qui, à partir 1862, a pris l'initiative de réformes opportunes à introduire dans l'administration de la justice, et, en 1864, la Commission
centrale de la Baltique a, par ordre supérieur, été saisie
de ces projets. En outre, le cultivateur livonien, enrichi
par des baux avantageux, achète des terres jusque dans
le gouvernement voisin de Pskov et se substitue par
degrés à la population indigène, tandis que, d'un autre
côté, les Russes établis sur les rives livoniennes du lac
Peypus, et vivant sous la protection du droit livonien,
prospèrent de plus en plus. Toutes ces causes irritent le
patriotisme ombrageux des feuilles moscovites ; elles en

prennent texte pour accuser *de partialité, de négligence
et d'oppression la justice et le gouvernement des provinces
de la Baltique ; elles se plaignent que les paysans russes
de la Livonie, de l'Esthonie et de la Courlande ne soient
jugés que par leurs maîtres allemands qui, au moyen de
baux démesurément élevés, les obligent à l'émigration.*
Ces journaux concluent en demandant *que les magistrats
et les fonctionnaires russes* (bien que jusqu'à présent ils
n'aient pu être cités comme des modèles de dignité morale) (5), *soient introduits dans les provinces de la Baltique* « pour le salut de l'humanité, les progrès de la
liberté et de la civilisation. »

LE RÉQUISITOIRE DÉRAISONNABLE ET IMPOLITIQUE DES GAZETTES RUSSES EST-IL ÉPUISÉ PAR CES ACCUSATIONS ?

Avec une naïveté enfantine, les journalistes russes
soupçonnent la partie éclairée de la population allemande
d'instruire les Lettons et les Esthoniens, uniquement afin
de conserver aux provinces de la Baltique leur gouvernement particulier et de tirer profit de cet état de choses.
Quant à la propagande et au désir d'autonomie qui nous
sont reprochés comme des crimes d'État, nous n'en
faisons pas mystère, et nous n'employons pour arriver
à notre but ni intrigues, ni sourdes menées. Que dit
cependant à ses lecteurs la *Gazette de Moscou ?* Par le
mot de *germanisation,* elle entend, cela va sans dire, l'emploi de la contrainte et de la violence, en un mot de
« moyens d'organisation » semblables à ceux qu'elle re-
commande pour russifier la Pologne, car la germani-

sation du cultivateur letton et esthonien ne saurait fournir une arme contre nous, si elle était un effet de sa libre volonté. Mais, suivant nos adversaires, 120,000 Allemands, englobés dans un État de 75 millions d'âmes, couvriraient, sous des vœux d'autonomie, la tentative insensée de fomenter une insurrection comme celle de la Pologne! Si elles n'étaient pas aussi puériles, malgré l'emphase qu'on met à les débiter, les allégations de la *Gazette de Moscou* mériteraient une répression sévère, car elles contiennent des germes de discorde qu'un ennemi seul devrait oser semer parmi les concitoyens d'un empire. Ce journal compte évidemment beaucoup sur la crédulité de ses lecteurs; pour imaginer de telles absurdités, il ne faut pas posséder de connaissances géographiques beaucoup plus étendues que celles de cette bonne femme qui, me rencontrant un jour à cheval, me demanda si j'avais fait de cette manière *le voyage* de *Califonie* (sic). Langage bien sérieux, en effet, que celui des feuilles russes! Cette germanisation des provinces de la Baltique par les Allemands, qui est très-réelle, nous le reconnaissons, aurait-elle été possible sans le libre concours des paysans livoniens et esthoniens? Elle a laissé à la population sa langue maternelle, les Russes en auraient-ils fait autant? Elle lui a donné la liberté de conscience, l'Église grecque voudrait la lui ôter. La germanisation lui a donné, en 1803, le droit de devenir propriétaire; depuis 1847, on travaille à restreindre ce principe concédé. La diète livonienne a facilité, en 1847, l'acquisition de la propriété rurale par les paysans; mais le partage des biens ou leur réunion entre les mains du même possesseur est toujours

interdite dans la crainte du fantôme mecklembourgeois.
Elle lui accorda en 1816 la liberté personnelle, mais la
liberté morale est toujours tenue en suspicion. Cette
germanisation, si vivement attaquée, amènera, par des
moyens constitutionnels, les paysans livoniens à la jouis-
sance complète de l'existence politique, malgré les efforts
des publicistes de Moscou et de Saint-Pétersbourg pour
faire tomber le char de l'État dans l'ornière profonde de
leurs préjugés. Si les paysans lettons et esthoniens sont
attirés vers nous, en un mot si nous travaillons à leur
éducation morale et intellectuelle, c'est en vertu du degré
plus élevé de culture auquel nous sommes parvenus.
Nous avons continué cette œuvre sans interruption, en
dépit des intrigues secrètes qui avaient depuis longtemps
pour but de nous aliéner les populations non allemandes,
intrigues auxquelles s'ajoutent aujourd'hui les efforts et
les ressources de l'Eglise grecque. Nous achèverons notre
tâche sans nous laisser décourager, et nous mènerons
notre entreprise à bonne fin, car nous ne voulons pas
semer la désunion entre les races, mais seulement déve-
lopper les intelligences, ce qui est le seul moyen de con-
duire un peuple, sans trouble et sans secousse, vers la
civilisation et la liberté.

Ce n'est pas la force des baïonnettes, ni la soumission
obligée à la loi, ce ne sont pas les promesses trompeuses,
les irritants articles de journaux qui font progresser les
États et fondent l'une dans l'autre des nationalités sou-
vent hostiles. Les Vandales ont dévasté Rome et l'Ibérie,
mais ils ne les ont pas civilisées ! L'Autriche n'a pu germaniser la Gallicie et la Vénétie, et cela parce qu'elle a

employé la contrainte ! Le Danemark n'a réussi à s'assimiler le Schleswig et le Holstein ni par les persécutions, ni même par les mesures les plus libérales ; il n'avait, en effet, à leur offrir rien qu'ils n'eussent déjà, ou qu'ils ne fussent en état de se procurer par leurs propres efforts. La violence n'a jamais servi qu'à faire haïr celui qui l'emploie. Les hommes d'État danois avaient oublié la devise d'Annœus Florus (ıv, 2) : « Il est plus difficile de con- » server les provinces que de les conquérir ; on les » obtient par la force, mais on les garde par la justice. » L'amour et l'estime sont les seuls liens qui puissent unir des nationalités diverses. La Prusse a germanisé ses Lithuaniens sans les contraindre ni les dépouiller de leur langue ; aucun peuple susceptible de civilisation ne résiste à l'action d'une culture intellectuelle plus élevée.

La France, forte de sa grandeur politique et de sa puissance morale, a toujours dédaigné d'employer la contrainte pour s'assimiler l'Alsace ; elle ferme l'oreille aux conseils imprudents des faux patriotes, car elle sait bien que les écouter serait le meilleur moyen de se rendre impopulaire, de provoquer les résistances et de s'éloigner du but proposé. Le Germain Clovis a conquis la Gaule, mais il était homme d'État trop habile pour vouloir la germaniser. Il soumit les habitants et régna sur eux, parce qu'il eut la sagesse de maintenir la civilisation latine, qui leur avait été transmise par les Romains. Charlemagne réunit dans un puissant empire toutes les provinces situees depuis l'Èbre jusqu'à l'Elbe, mais il n'eut jamais la pensée ridicule de fondre en une seule nation Allemands, Gaulois, Italiens, Espagnols, ni d'introduire comme langue judiciaire l'allemand en Italie ou l'espagnol en Allemagne. Bien plus, il voyait, comme aujourd'hui Napoléon III, dans le respect des nationalités, une des conditions de l'harmonie politique. Le pays annexé doit être convaincu des avantages moraux de la civilisation offerte ; il n'est pas difficile sans doute de trouver des gens disposés à prêter l'oreille à des promesses qui, favorisant leur intérêt personnel aux dépens d'autrui, portent atteinte au droit, source de l'activité humaine ; mais le peuple éprouve instinctivement de la défiance et du mépris pour les corrupteurs du droit. Quelle moisson peut recueillir le laboureur qui répand de telles semences ? L'*Invalide* s'efforce néanmoins d'appuyer sur des exemples étrangers les projets actuels de russification relatifs aux provinces de la Baltique : il oublie que les tentatives proposées comme modèles ont échoué et que l'opinion publique les a depuis longtemps flétries. La civilisation seule peut soumettre toutes les nations, elle est le César par excellence, le conquérant auquel nulle force ne résiste ; c'est elle qui versera un jour sur les utopies de la presse russe ses rayons lumineux et sa chaleur bienfaisante.

Tenter de russifier la Livonie, l'Esthonie, la Courlande, c'est entreprendre une œuvre impraticable, nuisible même à l'unité que l'on a en vue ; cette tâche serait aussi impossible que si l'on voulait germaniser les Vénitiens, enlever aux Allemands d'Alsace leur nationalité. La civilisation a des droits imprescriptibles en face de la barbarie, qu'elle exerce son empire sur les Samoïedes, les Yakoutes (6), les Kirghiz, les Tcherkesses, les Kabyles, les Nègres, les Hottentots, les Indiens.

Si les Lettons et les Esthoniens trouvaient avantageux d'employer la langue russe au lieu de la langue allemande pour former des hommes capables et instruits, rien ne les empêcherait de le faire, car le choix des universités est libre. Mais si, comme certains *patriotes* exaltés le prétendent, il fallait ériger de nouvelles universités lettoniennes et esthoniennes, produire une nouvelle littérature et former des professeurs pour des sciences et des arts esthoniens qui n'existent pas, nous n'en voudrions pas parler, parce que ce sujet ne mérite pas d'être traité sérieusement.

Plus que toutes les promesses insidieuses, l'école attire le paysan, car il la regarde comme la source des connaissances qui contribuent à son bien-être physique, à son développement moral. La langue allemande n'a été imposée à aucun Letton ni à aucun Esthonien, mais par elle et avec elle, il trouve accès aux trésors réunis de la civilisation européenne ; il n'y a pas en effet de littérature qui ait pourvu d'une manière aussi complète et aussi efficace que la nôtre à l'éducation du peuple. Voilà pourquoi l'Esthonien et le Letton aspirent à la connaissance de l'allemand (7). Mais il est si loin de notre pensée d'imposer notre langue, qu'en Livonie, elle ne figure même pas dans le programme d'enseignement des écoles populaires, comme je m'en suis convaincu par de longs et fréquents rapports officiels avec ces établissements. On n'enseigne l'allemand qu'aux élèves qui le demandent expressément et qui payent pour cela un prix convenu.

L'éducation du peuple russe, affamé pourtant de culture et susceptible de s'instruire, a été tellement entravée par le clergé orthodoxe, que les fidèles grecs ne connaissent même pas la Bible, ce livre qui, depuis deux cents ans, a initié les Lettons et les Esthoniens à la civilisation. Au lieu de déployer son zèle dans l'intérieur du pays, de répandre sur l'innombrable population de l'empire la semence d'une éducation sage et intelligente, propre à porter des fruits dans l'avenir, de monnayer enfin, pour le faire entrer dans la circulation, l'or inutile de l'activité populaire, un fanatisme aveugle gaspille des centaines de milliers de roubles afin de protéger et d'étendre dans les provinces de la Baltique l'Église grecque, qui n'y a jamais poussé de profondes racines et qui déjà tombe en décadence. Il semblerait, comme l'a dit ouvertement l'archevêque de Riga et de Mitau dans la *Gazette de Moscou*, que la fidélité aux croyances et la ferveur religieuse dépendent de la richesse des vêtements sacerdotaux et des ornements d'église de toutes sortes. Cette opinion nous rappelle involontairement les vues émises par le cardinal Wiseman sur le progrès du catholicisme en Angleterre. Mais si la foi ne pouvait vivre sans cette magnificence extérieure, le christianisme, qui a grandi dans la pauvreté et les persécutions, serait mort sur la croix avec le Christ, son fondateur ! Malgré son dénûment actuel, l'Église grecque n'a pas en Livonie le parfum du martyre, il lui manque ici la puissance de la conviction intérieure, tandis que l'Église évangélique qui, a été effectivement opprimée et poursuivie, s'est fortifiée dans la lutte comme le christianisme au temps de Julien l'Apostat, et nous voyons la croyance luthérienne gagner chaque jour en étendue, en ferveur et en fermeté. Aussi avons-nous une profonde reconnaissance pour le culte orthodoxe, dont l'animosité nous a valu tous ces biens.

Que l'on essaye de donner en Livonie, aux prosélytes grecs et à leurs enfants, la liberté complète, soit de rester dans la religion grecque, soit de retourner au protestantisme, que l'on n'emploie pour les séduire ni la menace, ni l'appât d'avantages temporels, et l'on verra combien il restera peu de partisans à l'orthodoxie, si l'on excepte les Russes d'origine.

C'est par les écoles, non par les lois et les cérémonies extérieures, que l'on civilise les peuples et les hommes. Les lois peuvent bien prescrire la forme de l'éducation, mais elles ne sauraient y suppléer quand elle manque ou qu'elle est défectueuse. Au contraire, les erreurs de la législation sont bientôt corrigées quand s'élève le niveau intellectuel du pays. Si quelqu'un s'avisait de vouloir former un peuple par les lois, il ressemblerait au soi-disant inventeur du « mouvement perpétuel », qui croyait pouvoir créer des forces à l'encontre des règles éternelles de la nature. La législation est la mécanique des États ; le problème à résoudre consiste à utiliser les forces existantes. Des gens ignorants, dont le costume réglé par un décret annonce le rang supérieur (*), ne sont pas pour cela dignes d'appartenir au monde civilisé, ni capables de remplir de hautes fonctions.

(*) Littéralement : « qui mettent la chemise dans le haut-de-chausses ». Les paysans russes la laissent flotter au-dessus des pantalons.

La partie de la presse moscovite à laquelle nous nous adressons, célèbre avec emphase la conversion de quelques Polonais catholiques au culte grec, et elle conseille de russifier par ce moyen, auquel on ajouterait l'introduction de la langue russe, la Pologne tout entière. Ces sages docteurs du journalisme s'imaginent-ils que des hommes qui ont vendu leur croyance, leur langue, leur nationalité pour des avantages matériels, montreraient plus d'amour et de fidélité envers une religion, une langue, une constitution auxquelles eux et leurs ancêtres ont toujours été étrangers, et que toutes leurs traditions leur apprennent à haïr? Ces fanfarons de la presse croient-ils que le peuple polonais qui, pour secouer la domination russe, n'a pas reculé devant le poignard et le poison, qui, dans la démence criminelle de son désespoir, a fait de ses fils des bourreaux, cédant enfin à la force physique, élèverait ses enfants dans le respect et l'attachement pour la nation dont le bras menace de l'anéantir? Tout Russe sincère et loyal doit s'écrier avec moi : « Non, quiconque sacrifie son droit, sa langue, ses croyances à la contrainte ou à des motifs intéressés est incapable de comprendre l'honneur, l'amour de la patrie et la crainte de Dieu! » Quel avantage un pays peut-il trouver à s'assujettir de tels hommes? La Russie ne le voudrait pas, car des sujets aussi méprisables amèneraient infailliblement la ruine et l'avilissement de l'empire. L'estime réciproque est le lien des peuples.

A CELA NE SE BORNENT PAS ENCORE LES AGRESSIONS DIRIGÉES

CONTRE NOUS.

Cette partie de la presse qui triomphe maintenant de l'humiliation de la Pologne, ne laisse échapper aucune occasion de nous dénoncer, nous, habitants des provinces de la Baltique, comme séparatistes, fanatiques révolutionnaires, de nous reprocher avec plus ou moins de violence des sympathies imaginaires, tantôt pour la Suède, tantôt pour la Pologne. L'histoire de Jean Reinhold Patkul, ce martyr du droit et de la constitution livoniennes, montre que depuis longtemps nous avons rompu avec la Suède, comme nous l'avions fait déjà avec la Pologne. La désunion s'est produite entre nous, parce que ces deux royaumes ont été infidèles à la foi jurée, et jamais nous ne ferons une nouvelle alliance avec eux, car nous gardons le souvenir des persécutions que nous avons souffertes.

L'*Invalide russe* nous adresse un reproche tout aussi peu fondé que celui de la *Gazette de Moscou* au sujet de notre prétendu prosélytisme allemand, de nos vœux de séparation ou de nos sympathies pour la Suède et la Pologne; il nous accuse de routine et d'immobilité. Ce journalisme russe, né d'hier, ne sait pas, on le voit bien, ce qui a été fait en Livonie, en Esthonie et en Courlande depuis une centaine d'années. Il oublie que nous possédions des écoles populaires, la liberté de conscience et la liberté des personnes lorsque le reste de l'empire était encore plongé dans l'ignorance et le servage ; il oublie que notre union avec la Russie a entravé notre développement ; notre organisation constitutionnelle ne nous permet pas, il est vrai, d'avancer aussi rapidement que les autres provinces de l'empire auxquelles un décret impérial impose, du jour au lendemain, une transformation complète. Il oublie qu'à cette heure encore, la Russie languirait dans les fers de l'esclavage sans la volonté virile d'un seul Russe libre, que nous aussi, nous nous glorifions de nommer notre empereur. Malgré l'opposition des conservateurs, malgré les obstacles suscités par ce parti nombreux, puissant et actif, malgré l'opinion bien connue du Conseil qui en 1861 votait, à une majorité de 40 voix contre 6 (**8**), le maintien du servage, Alexandre II, en sa double qualité de chef de l'Église] et de l'État, a ordonné l'émancipation des paysans. Cette jeune presse russe si avide de personnalités, se drape dans le manteau de la liberté et du progrès, et s'imagine n'avoir rien à apprendre quand elle ignore encore tant de choses ; elle ne veut pas comprendre qu'on ne saurait imposer le sacrifice de sa vie politique à un peuple qui a conscience de sa valeur intellectuelle et morale. Chez une nation complétement barbare, ou formée, comme celle du cap de Bonne-Espérance, d'une agglomération confuse d'éléments tirés de toutes les parties du monde, et n'ayant ni histoire, ni droits acquis, ni mœurs séculaires, une constitution taillée à coups de hache d'après les modèles qui semblent les meilleurs, peut réussir et même être regardée comme un bienfait. Mais dans un pays où la vie politique, introduite depuis des siècles, soigneusement cultivée, s'est étendue et a porté

des fruits, une telle tentative ne doit produire que souf-
france et confusion.

Ainsi, la noblesse et la bourgeoisie livoniennes, qui,
depuis sept cents ans, possèdent le droit de se régir et de
s'administrer elles-mêmes, dont la langue est parlée
devant les tribunaux, qui règlent le programme des
études suivi dans leurs écoles, et entendent dans les
églises prêcher leur propre croyance, cette noblesse et
cette bourgeoisie, disons-nous, ne peuvent renoncer à
leurs priviléges. Elles n'ont rien de commun avec les
institutions russes, et ne sauraient les désirer, car pour
les accepter, il leur faudrait retourner en arrière et subir
une déchéance. Le droit d'initiative dans la législation
nous appartient constitutionnellement, mais les autres
provinces russes ne le possèdent pas ; aussi la *Gazette de
Moscou*, dans son numéro du 21 mars 1865 (voir encore
la *Gazette de Riga* du 12-24 avril), imagine une jongle-
rie fort ingénieuse, qui la place au premier rang des
acrobates de la plume ; elle propose de nous faire renoncer à notre gouvernement représentatif, pour mettre au
même niveau toutes les provinces de l'empire et les faire
progresser ensemble.

L'honorable fidélité avec laquelle ont été tenus les engagements caractérise le temps que la *Gazette de Moscou*
appelle la période « *Pétersbourgienne* ». Le même journal
trouve plaisant que, depuis Pierre Ier jusqu'à Alexandre II,
tous les gouvernants russes aient respecté les *priviléges*
de l'Esthonie, de la Livonie et de la Courlande (privilége !
odieux mot de l'ancien régime) ; cette feuille laisse percer,
à travers une phraséologie assez transparente, le conseil

dé suivre, dans une « période moscovite » future, une autre conduite, et de voir d'un autre œil les traités et les engagements les plus sacrés. Mais aussi longtemps que les Livoniens exerceront leurs droits constitutionnels avec une véritable intelligence des besoins de l'époque, il n'existera pas l'ombre d'un motif pour violer ce que l'on appelle nos priviléges. Nous vivons encore dans un temps où le droit est respecté.

Quant à l'absence du « *self government* » dans la constitution russe, elle s'explique aisément. L'empereur et ses conseillers ont bien compris que, dans l'état actuel de la nation, la noblesse et le journalisme se rendraient seuls maîtres du pouvoir. Si elle veut posséder une assemblée législative, la Russie doit, avant toute chose, former des citoyens, et, pour cela, il faut qu'elle instruise le peuple et qu'elle mette des instituteurs capables à la tête des huit mille écoles qui viennent d'être fondées (9). Par ce moyen lent, mais sûr, elle posera la base sans laquelle il n'y a pas de prospérité ni de vie politique possibles. Les provinces de la Baltique jouissent, depuis plusieurs générations, des fruits de l'éducation populaire. La bourgeoisie peut facilement être représentée dans nos diètes ; il en est de même des classes rurales, auxquelles on accorderait le droit d'élection au second degré ; cette réforme, combattue par d'anciennes habitudes et par l'esprit d'exclusivisme, est cependant souhaitée par le gouvernement, et nous sommes certain qu'elle sera accueillie avec joie. La conférence de Courlande, les diètes d'OEsel, de Livonie et d'Esthonie sont autorisées à prendre toutes les décisions utiles au pays (Diète livonienne, § 83 du « *Droit*

provincial du gouvernement de la Baltique »; II, Droit des
États, page 14) : « Tout ce qui se rapporte soit aux droits,
aux institutions de la noblesse, *soit au bien-être de la nation entière, peut faire l'objet des discussions de la diète.* »
Le journalisme russe cherche néanmoins à nous mettre
au même rang que la Pologne, afin de pouvoir nous appli-
quer les recettes de russification qui ont été employées
dans ce pays. Rien ne lui semble plus intolérable que
notre conduite loyale, et notre droit inaliénable *de déve-
lopper nous-mêmes notre constitution.* Les journalistes
soi-disant patriotes ne comprendront jamais que sans
leur agrément, nous ayons pu sortir du chaos des formes
vermoulues dans lequel nous avait maintenus trop longtemps notre union avec la Russie. Si nous agissons,
ils prennent de l'ombrage (10); si nous restons en repos,
ils nous insultent. Les excès de la presse de Moscou
et de Saint-Pétersbourg nous ont aussi rendu des ser-
vices dont nous voulons être reconnaissants : l'exa-
gération ridicule de ces feuilles est pour nous un aver-
tissement; elle nous aiguillonne et nous porte à nous
débarrasser avec plus d'ardeur des institutions vieillies
qui mettent encore obstacle à notre prospérité.

« Un mouvement continuel de réforme et de progrès »,
écrit Vincenzo Gioberti dans le troisième volume du *Jésui-
tisme moderne,* « forme aujourd'hui la condition essen-
tielle de la vie et du bien-être des masses; mais le princi-
-pal moteur de ce mouvement se trouve dans la puissance
politique que les hommes d'État nomment opposition.
Dans tout gouvernement bien constitué, quelle qu'en soit
la forme, il doit y avoir une force de résistance. La mo-

narchie absolue elle-même ne l'exclut pas, car un prince
intelligent sait encourager les débats nécessaires à la ma-
nifestation de l'opinion publique, afin que toute vérité ait
son organe, tout intérêt social son représentant, toute
puissance son contre-poids. »

UN DERNIER MOT POUR CONCLURE.

Les journalistes russes, quand il s'agit des provinces
de la Baltique, comptent pour peu de chose la fidélité
inébranlable envers l'empereur et son gouvernement. Si
nous voulons montrer que nous sommes de véritables
enfants de la Russie, nous devons, sans plus attendre,
déposer sur l'autel de la patrie nos droits, notre langue,
nos croyances religieuses, bref, tout ce qui fait de nous
réellement des hommes, et nous laisser fondre dans la
nouvelle unité, monotone et nivelée comme la steppe.

Les provinces de la Baltique ont, depuis un siècle et
demi, montré d'une manière éclatante que leur autonomie
ne porte aucune atteinte à leur dévouement et à leur fidélité. La Livonie, en reconnaissance de la protection qui
lui est accordée contre les agressions du dehors, de la
sécurité qu'on lui assure, consacre le meilleur de ses
forces au puissant empire dont elle fait partie. Elle ajoute
aux revenus de l'État par les taxes et les contributions;
elle apporte au progrès intellectuel le tribut de ses lumières
et de sa science ; à la vie politique, elle fournit des hommes
d'État illustres ; à l'armée, de braves soldats et d'habiles
officiers, et chaque jour elle acquiert de nouveaux droits

à la confiance et à l'estime. Les provinces de la Baltique, nous en avons le ferme espoir, continueront, sous le sceptre protecteur du tzar, à marcher les premières dans la voie du progrès continu et régulier. Malgré les insultes qu'on leur prodigue, malgré la différence de langue et de croyance, elles jouiront de l'égalité devant la loi, et garderont l'autonomie qu'elles possèdent depuis des siècles; fidèles à leur foi religieuse, fidèles et à l'empereur et à l'empire, elles justifieront les espérances que fonde sur elle la civilisation européenne, autorité imprescriptible, qui domine toutes les distinctions puériles imaginées par quelques fanatiques moscovites. Elles imposeront ainsi le respect à leurs ennemis et à leurs envieux, et gagneront les sympathies de tous ceux qui, dans l'empire, ont à cœur l'honneur national, la liberté de conscience, la justice et la loi.

Pour conclure, nous souhaitons à nos compatriotes russes, comme l'Anglais J. Long :

« Une Bible ouverte, un clergé plus éclairé et plus normal, un enseignement plus judicieux et plus étendu. »

Enfin, nous conseillerons aux partisans aveugles de la russification des provinces de la Baltique, la méditation de ce proverbe : « La tempête emporte au lieu d'apporter. »

P. S. Quoique cette édition soit imprimée depuis plus d'un an, j'avais cru devoir en retarder la publication pour ne pas troubler la concorde qui semblait près de s'établir entre la nationalité allemande et ses adversaires. Après l'attentat commis le 4 avril 1866 sur la personne de notre souverain, l'empereur de Russie, la presse russe semblait ramenée à des sentiments équitables et modérés. D'une part, la censure la contenait d'une main plus ferme; de l'autre, voyant les tristes effets de ses diatribes, elle avait renoncé aux menées coupables, aux excitations socialistes qui répandaient dans les provinces de nationalités différentes dont se compose l'empire, des ferments de révolte et de division. Mais si la presse cessait de souffler la discorde, la paix n'était pas pour cela revenue dans le pays.

Le poison s'était infiltré dans les veines du corps social, la défiance et la haine régnaient dans les cœurs. Pour semer plus sûrement la division, on avait répandu le bruit que des donations de terres et d'argent seraient faites dans le but d'encourager le retour à l'Église grecque de populations nombreuses qui avaient embrassé le protestantisme; ces largesses devaient être prises, en partie sur les biens de la couronne, en partie sur ceux des propriétaires de la Baltique, et les popes les annonçaient triomphalement à leurs néophytes dans tous les diocèses livoniens où la foi orthodoxe avait besoin de stimulants terrestres, particulièrement à Pernov, Oberpahlen et Fellin. Les 300 roubles que l'archevêque russe de Riga donnait avec tant de générosité aux prosélytes pauvres de Kokenhusen ajoutaient grandement, il faut l'avouer, à l'attrait de la religion grecque. La propagande ne se borna point à ces efforts; on avait résolu de détruire toutes les institutions qui ne sont pas essentiellement russes, et pour unifier le pays, on voulait étouffer la civilisation germano-protestante de la Livonie.

Des lettres menaçantes, rédigées en partie d'après des publications officielles, furent jetées la nuit dans les cours des riches habitations, semées dans les rues de la ville ; elles demandaient, en termes injurieux, la vente à vil prix des domaines affermés, l'abaissement du loyer des terres, en un mot, la ruine des propriétaires fonciers.

La populace incendia plusieurs maisons ; des lettres provocatrices, inspirées par l'esprit de désordre, furent envoyées aux notables du pays, et dans les conversations particulières, on cherchait à éveiller les passions haineuses et à troubler la paix publique. — Peines inutiles ! Les efforts des agitateurs vinrent échouer devant l'inaltérable bon sens, la loyauté, la droiture des Esthoniens et des Livoniens. La population de la Baltique sait que les desseins honnêtes et purs ne craignent pas de se produire au grand jour et qu'ils évitent la voie des ténèbres, de la ruse et de la spoliation.

Les rédacteurs de la *Gazette de Moscou*, ces conservateurs par excellence, répudiant les principes inscrits sur leur bannière, ne craignirent pas de faire alliance avec leurs ennemis les plus acharnés, les socialistes de l'ancien *Denj*, et même avec la phalange caméléonienne du *Golos*. Les doctrines perturbatrices n'eurent pas plus de succès sur ce terrain, et une période de calme suivit la défaite des fauteurs de discordes, mais elle ne fut pas de longue durée. Bientôt les calomnies et les hostilités recommencèrent ; elles se produisirent d'abord timidement, puis elles éclatèrent avec leur ancienne violence.

Aujourd'hui, de grossières erreurs, qui n'ont pas même le mérite d'être neuves et qui ne devraient plus tromper personne, des mensonges dévoilés vingt fois, sont rajeunis par de légères variantes et présentés comme de nouveaux griefs contre les provinces de la Baltique. La presse allemande reste sans défense devant ces attaques, car elle n'a pas dans notre pays le droit d'y répondre. (Voy. la *Gazette de Riga*, n° 39, et la *Gazette de Moscou*, n° 35, 1867.) Je suis donc obligé de sortir du silence dans lequel je m'étais renfermé depuis l'année dernière et de livrer à la publicité l'édition française de cette brochure, que nul n'a encore réfutée, et que je crois complétement sans réplique, puisqu'elle repose sur des faits incontestables.

Iegor de Sivers.

21 février (5 mars) 1867.

NOTES.

1. Le n° 135 du *Nord* nous offre un nouvel échantillon de la malveillance et des calomnies de nos adversaires. Le 7 mai, un homme bien connu, M. Skripitzinn, adressait à ce journal une lettre dans laquelle il signalait l'abstention des Lettons et des Esthoniens lors des démonstrations provoquées par l'attentat du 16 avril, abstention qui lui paraissait un symptôme très-significatif. « Tous les habitants de la Russie, même les musulmans et les » juifs, ont pris part à ce mouvement général ; une seule population y est demeurée étrangère, comme si elle était privée du lien qui unit au prince tous ses sujets, et en fait, pour ainsi dire, les membres d'une même famille. *Ces orphelins* de l'Empire sont les Esthoniens et les Lettons ; dans les provinces de la Baltique, la noblesse et la bourgeoisie allemandes se sont seules jointes aux manifestations et ont envoyé des télégrammes, comme si le pays et les populations indigènes n'appartenaient qu'à elles et ne se rattachaient à la Russie que par leur intermédiaire. » M. Skripitzinn croit que le symptôme qui l'a frappé mérite l'attention publique, et « qu'il y a là, évidemment, à combler une lacune qu'un terrible événement vient de mettre au jour. » La malveillance de M. Skripitzinn est ici trop éclatante pour échapper à personne. Le 17 avril, une députation de Lettons et d'Esthoniens était admise au Palais d'hiver pour présenter à l'Empereur ses félicitations et ses vœux, comme le constatent les dépêches télégraphiques des journaux des provinces Baltiques (voy. aussi l'*Écho*, n° 41). Enfin, dans nos campagnes, sans rédiger d'adresses, sans faire appel à la publicité des journaux, on célébrait par des réjouissances publiques la protection providentielle qui avait préservé les jours de notre Empereur.

2. Si la *Gazette de Moscou* contredisait nos paroles, il ne nous serait pas difficile de produire des preuves et d'entrer dans des détails propres à convaincre les esprits les plus incrédules.

3. Nos ennemis ne peuvent élever à cet égard aucune réclamation, car des actes explicites nous exemptent d'observer le décret dont il s'agit.

4. En même temps, les capitaux russes, fuyant le fantôme communiste, se placent à l'étranger.

5. La *Gazette de Moscou*, comme nous le voyons dans le n° 223 de la *Gazette de Riga*, raconte un fait assez plaisant : Un marchand russe, questionné sur le « Tribunal juré », donne à un ami les explications suivantes : « Ce tribunal tire son nom de la disposition d'après laquelle les magis-

» trats qui en font partie sont tenus à jurer de ne pas *se laisser corrompre.*
» Mais, *tel est l'abaissement moral de nos juges, que cette institution si*
» *désirable n'a pu encore être introduite chez nous.* » D'après d'autres
sources, nous sommes en mesure d'affirmer qu'en créant l'honorable institution de juges de paix, on n'a pas même pu empêcher la corruption.
C'est une preuve de plus que de nouvelles lois ne sauraient changer les
mœurs ; un tel résultat s'obtient seulement avec le temps et à l'aide de
l'éducation.

6. Voici un exemple de la manière dont la russification est pratiquée en
Sibérie. En 1858, l'imprimerie du Saint-Synode orthodoxe de Moscou pu-
bliait, à l'usage des Yakouts, sept livres élémentaires, dont une partie traite
de la religion, et dont l'autre renferme les éléments de la grammaire. Pour
les uns, on s'est servi de l'esclavon, qui est la langue liturgique en Russie ;
pour les autres, on a employé le russe ; ainsi, ce pauvre peuple, à peine
sorti de la sauvagerie, est obligé d'apprendre à la fois deux alphabets très-
différents l'un de l'autre, pour connaître sa littérature, composée en tout de
sept volumes.

7. La lettre écrite par un paysan letton et publiée en juin 1864 dans la
Gazette de Moscou, ne saurait rien changer à nos opinions sur ce sujet.

8. Voyez l'ouvrage de J. Long : *Russian Serf Emancipation : four letters*
on its origin, evils and abolition, etc. London, 1864, et les *Protestantische*
Monatsblätter, de février 1865. Parmi cette minorité de 6 membres contre
40 qui, dans le Conseil, a osé se séparer du vieux parti russe et voter la sup-
pression du servage, figurent, comme je l'ai appris de bonne source, des
grands-ducs, frères de l'empereur. Le peuple russe et la postérité tiendront
compte à la famille des Romanoff de cette noble et courageuse action. *Le*
pays n'oubliera pas que sans l'initiative paternelle d'Alexandre II, près des
deux cinquièmes de la population, vingt-deux millions et demi d'habitants,
seraient encore aujourd'hui courbés sous le joug du servage. Rendons gloire
à qui elle est due !

9. Le journal *le Caucase* annonce que la société instituée pour la propaga-
tion de la croyance grecque a déjà créé dans le Caucase 57 écoles, fréquen-
tées par 1000 enfants des deux sexes. Pour former les instituteurs qui lui
sont nécessaires, la société a établi une école normale dans les environs de
Tiflis. On a aussi fondé en Lithuanie, en Wolhynie, et dans le royaume de
Pologne, en Podolie, à Kiev, un grand nombre d'églises et d'écoles grecques,
afin de combattre l'influence polonaise et catholique ; mais je crains que là,
comme partout ailleurs dans l'empire, l'enseignement ne manque de ressources
pratiques. D'après les données fournies par la *Poste du Nord* pour quelques

gouvernements russes, d'après le journal *Inland*, paraissant à Dorpat (1862, page 293), pour la Livonie (1863, page 804), pour la Courlande et (1862, page 439) pour l'Esthonie, et enfin d'après les renseignements précis que nous avons tirés de l'ouvrage de M. A. de Buschen : *Population de l'empire russe* (pages 63-67), le rapport du nombre des écoles au chiffre de la population mâle peut être évalué comme il suit :

Nijni–Novgorod	1 école pour		8300 habitants.	
Kalouga, près de Moscou	1 —	—	4400	—
Kerson	1 —	—	4400	—
Courlande	1 —	—	1100	—
Ekaterinoslaw	1 —	—	800	—
Esthonie	1 —	—	600	—
Livonie	1 —	—	400	—

Ce tableau cependant ne donne pas une idée tout à fait exacte du degré d'instruction dans les différentes provinces de l'empire. Ainsi, en Courlande, l'enseignement privé tient une plus large place qu'en Livonie et en Esthonie ; il faudrait tenir compte aussi du nombre des élèves et de la capacité des instituteurs. Mais, en dehors des gouvernements russes, dans lesquels l'élément enseignant laisse jusqu'ici beaucoup à désirer, il n'existe, à notre connaissance, aucun rapport authentique qui puisse fournir quelque lumière sur ce sujet.

Outre les écoles communales, il y a en Livonie des écoles paroissiales qui non-seulement enseignent, comme les premières, la lecture, l'écriture, le calcul, l'histoire religieuse et le catéchisme, mais encore y joignent la musique chorale, quelques rédactions sur des sujets pratiques, des notions de géographie et d'histoire naturelle, au besoin, l'allemand et le russe, enfin toutes les connaissances qui peuvent à l'occasion devenir utiles aux élèves. Elles s'occupent aussi de former des instituteurs pour les écoles communales. Un assez grand nombre de cultivateurs préfèrent envoyer leurs enfants aux établissements paroissiaux. Le nombre de ces écoles s'est augmenté pendant les dix dernières années de 27 0/0, et celui des élèves de 53 0/0 (700 écoliers environ) ; en sorte qu'en Livonie il n'existe aucune paroisse qui n'ait son école. Les deux écoles normales ou centrales fondées par la noblesse de Livonie et de Courlande jouissent d'une prospérité croissante ; la première a déjà formé en six ans 107 instituteurs ; de ce nombre, 11 sur 13 étaient, dès le sixième cours, employés dans l'enseignement.

Je ferai remarquer à cette occasion que les prêtres grecs, malgré la négligence qu'ils apportent dans l'enseignement de leurs écoles, n'étaient pas restés inactifs, même dans le temps qui a précédé leur ardeur de prosélytisme religieux en Livonie. En effet, à peine quelques milliers de paysans lettons et esthoniens s'étaient-ils adressés à Alexandre, alors prince héritier, pour demander l'*ingemaa* (terre des âmes) (*) et, *afin de l'obtenir, avaient-ils pro-*

(*) En Russie, les hommes seuls figurent dans le chiffre de la population. On avait persuadé aux paysans livoniens que les hommes qui adopteraient la foi grecque deviendraient aussitôt, en récompense, propriétaires des terres que jusqu'alors ils avaient eu à bail.

mis d'adopter la foi orthodoxe, que des ecclésiastiques grecs, qui avaient déjà sourdement tenté d'attirer la population, firent éclater leurs desseins au grand jour. Ils remplirent le pays d'églises improvisées qu'ils érigeaient dans les granges ou les hangars des villages les plus peuplés ; là, *hommes et femmes, vieillards et enfants, étaient, sur une simple déclaration et sans qu'on s'occupât le moins du monde de les instruire dans leur nouvelle croyance, déclarés membres de l'Église grecque*. C'est ainsi que se passèrent les choses en Livonie et dans l'île d'OEsel ; les Lettons de la Courlande et les Esthoniens, au contraire, bien qu'habitant un territoire tout voisin, furent préservés de ces influences. Nous reviendrons sur ce sujet, et nous en approfondirons les causes. En l'absence et avec l'autorisation de l'empereur Nicolas, qui se trouvait alors à Palerme, son fils Alexandre, notre tzar actuel, fit preuve d'un énergique et prévoyant esprit, en mettant un frein à cette indiscrète propagande.

Aussitôt que l'occasion s'en présentera, et qu'une telle étude me semblera utile, je montrerai combien ces prêtres grecs, parmi lesquels se trouvaient de jeunes Lettons ou Esthoniens, descendants de parents protestants mais élevés au séminaire orthodoxe de Pskov, ont peu fait pour l'enseignement du peuple ; je ferai connaître l'histoire de leurs menées secrètes, et j'y joindrai, comme pièce instructive, les ordres du général Golowin, qui gouvernait à cette époque la Livonie, l'Esthonie et la Courlande. Ce travail néanmoins offre des difficultés particulières, parce que les différentes enquêtes commencées en Livonie et dans l'île d'OEsel furent étouffées et que l'on fit disparaître les papiers concernant cette affaire, comme je l'ai plus d'une fois constaté.

10. Tout récemment encore, la *Gazette de Moscou* s'élevait contre la concession du droit de propriété des terres nobles dans la Courlande et la Livonie, par la crainte que cette mesure de nos diètes ne frayât la voie à l'immigration prussienne.

TABLE DES MATIÈRES

Paris. — Imprimerie de E. MARTINET, rue Mignon, 2.

www.ingramcontent.com/pod-product-compliance
Lightning Source LLC
LaVergne TN
LVHW010334030726
842520LV00004B/1455